ウオッチマン・ニー著

献身

JN061247

初信者シリーズ

7

JGW日本福音書房

献身

聖書：出二八・一―二、四〇―四一、二九・一―二五、レビ八・十四―二八、ローマ六・十三、十六、十九、十二・一、Ⅰコリント六・十九―二〇、Ⅱコリント五・十四―十五

今度は、クリスチャンの献身について見てみましょう。

人が自分自身を献身するかどうかは、その人が救いにどれほどあずかったかによります。もし人が主の顔を立てて義理で主イエスを信じたとか、神を優遇して神を信じたのであるなら、その人とは献身について話すことができません。自分がクリスチャンになればキリスト教に光栄を与えると思ってキリスト教を提唱する人に対しては、自分を主にささげることについて話しても何の役にも立ちません。そういう人は、主を信じた時の信じ方に問題があり、始まりが正しくないのですから、このような人に自分自身を献身することを望むのは不可能な事です。わたしたちは覚

えておかなければなりませんが、わたしたちに恵みを賜ったのは主であり、わたしたちにあわれみを賜わってくださったのは、主です。わたしたちを愛し、わたしたちを救ってくださったのは、主です。こういうわけで、わたしたちは自分のすべてを主に献身するのです。

献身の教えは、新約にも旧約にもあります。新約では、ローマ人への手紙第六章と第十二章で献身について語っています。旧約では、特にアロンとその子たちを指して、献身について語っています。出エジプト記第二八章、第二九章、レビ記第八章はみな、アロンとその子たちがいかにしてささげられたかを述べています。献身は、神に仕える上での基本的な経験ですが、神の御言の中では直接それに触れている箇所は多くありません。ですから、献身について知るためには、必ず前記の聖書の言葉をはっきりと見る必要があります。

一　献身の根拠

コリント人への第二の手紙第五章十四節から十五節は、神の子たちが主の愛に押し迫られるゆえに、彼らのために死なれ、復活させられた主に生きるのであることを、はっきり見せています。人が主のために生きるのは、主の愛に押し迫られるからです。「押し迫る」の原文の意味は、「閉じ込める」で、しかも相当強制的に制限することです。原文の意味は、わたしたちをしっかりと取り囲み、内側に閉じ込めることです。愛はわたしたちを閉じ込め、逃げられないようにします。人は愛に触れる時、この味わいを持ちます。わたしたちが愛に縛られる時、もう方法がありません。主はわたしたちのために死なれました。わたしたちは今日、彼のために生きるべきです。ですから、愛が献身の根拠です。人は主の愛のゆえに自分自身をささげます。主の愛を感じないでささげることのできる人は一人もいません。人が主の御前で自分自身をささげたいと思うなら、まず主の愛を見なければなりません。主の愛を見たなら、その自然な結果として献身がそれに続きます。

献身は主の愛を根拠とし、また主の権利も根拠とします。これはコリント人への第一の手紙第六章十九節、二〇節が語っている真理です。そこでは、「あなたがたは、自分自身のものではないのです。なぜなら、あなたがたは代価をもって買い取られたからです」と言っています。わたしたちの主は、わたしたちのために自分の命を捨てて去り、代価をもってわたしたちを買い戻してくださいました。わたしたちは主に買い取られた者たちです。今日わたしたちは主に贖われたゆえに、主に対して自分の主権を捨て去ります。わたしたちはもはや自分自身のものではありません。わたしたちは主のものです。わたしたちは必ず自分の体において神の栄光を現さなければなりません。なぜなら、わたしたちは自分自身のものではなく、主に買い取られたものだからです。主が十字架上で流された血が、主の払われた代価です。ですから、主の権利から言っても、わたしたちは主のものであるのです。

わたしたちは主に買い取られた者であり、主が最高の代価をもって買い取られたのであることをはっきり見なければなりません。彼がわたしたちを買い取られたのは、金をもってでもなく、銀をもってでもなく、彼の血をもってでした。この中に主の愛があり、また主の権利があります。主の愛のゆえに、わたしたちは主に仕えることを選びます。主の権利のゆえに、わたしたちは彼に従って歩まないわけにいきません。贖いによって生じた権利は、わたしたちを主にささげさせます。贖いによって生じた愛もまた、わたしたちを主にささげさせます。献身の根拠は、権利であり、また愛でもあります。献身の根拠は、合法的な権利です。献身の根拠は、人の感覚を超越した愛です。この二つのゆえに、わたしたちは主にささげないわけにいきません。

二　献身の意義

愛に押し迫られただけでは、まださささげたわけではありません。合法的な権利を認識しただけでもまださささげたわけではありません。献身とは、主の愛に押し迫られ、主の権利を見た後に、一つの事をなすこと、一つの手続きを取ることであり、その手続きがわたしたちを一つの新しい地位に置きます。主の愛に押し迫られ、主に代価をもって買い取られたゆえに、わたしたちは自分をすべてのものから聖別し、主に帰し、主のためのものとするのです。これが献身です。旧約ではこれを「任職」と言っています。「任職」とは神に仕える務め、聖なる務めに就くことであり、これが献身です。献身とは、神に仕える務めに就くことであり、主に対して、「主よ、あなたがわたしを愛されるゆえに、今はすべてのものから聖別されてあなたに仕えます」と表明することです。

三　献身した人

出エジプト記第二八章一節から二節、第二九章一節、四節、九節から十節を読んでみましょう。

この数箇所の聖書を読めば、献身とは特別な事であることがわかります。全イスラエル人は、神によって選ばれた王国です（出十九・五―六）。しかし、それは献身した王国とはなりませんでした。イスラエル人には十二の部族がありましたが、十二の部族がみな「任職」することができたわけではありません。十二部族の中で、レビ人が神の選ばれた部族でした（民三・十一―十三）。しかし、それでさえも献身した部族ではありませんでした。あんなに多くのレビ人の中で、ただアロンの家族だけが「任職」することができました。全イスラエル人が任職することができたのではありません。全レビ部族がみな任職することができたのでもありません。アロンの家族だけが任職することができました。この家に属する人だけがささげることができました。この家の人でなければ、ささげることはできませんでした。ただ一つの家、すなわちアロンの家の人だけが祭司となって、ささげることができました。

神に感謝します。今日わたしたちはこの家の人です。主を信じた人はこの家の中の人です。恵みを受け、救われた人はみな祭司です(啓一・五―六)。神はわたしたちを祭司として選んでくださいました。当初、ただアロンの家族だけがささげることができました。ほかの人で近づく者は殺されました(民十八・七)。覚えておかなければなりませんが、神に選ばれ祭司とされた人だけがささげることができたのです。ですから、この家の人だけがささげることができました。今日、神はわたしたちを祭司として選んでくださり、わたしたちはこの家の人ですから、ささげることのできる人です。

ここでもう一点見る必要があります。それは、人が神を選んだから自分自身を献身するのではないということです。そうではなく、神が人を選び召してくださったからこそ、人は自分自身を献身するのであるということです。何もかも捨てて神に仕えることが神を優遇することであるかのように思っている人は、部外者であって、その人は絶対に自分を献身した人ではありません。神に一目置き、神を尊重するゆえに、神に仕えるのではありません。あなたが自分を差し出して主の働きをするのではありません。神があなたに恵みを与えて、神の働きに分があるようにしてくださったのです。あなたに栄光を与え、あなたに美を与えてくださるのは、神です。祭司の着た聖なる衣服は、栄光と美のためであることを、聖書はわたしたちに見せています(出二八・二)。自分をささげることは、神があなたに栄光と美を持たせることであり、あなたを選ばれたのは神であり、あなたを神に仕えさせるのは神です。わたしたちはこのような主を持っていると誇って言うことができます。主がわたしというしもべを持っておられることに、何の不思議もありません。すばらしいのは、わたしがこのような主を持っていることです! 自分をささげるとは、選ばれたことの結果です。神に仕えることのできる人は、栄光を受けた人です。わたしたちが神のために何かを犠牲にしたかのように、またもともと栄光のようなものがわたしたちにあったかのように、神をより一層高めたと思ってはなりません。ささげることとは、神がわたしたちに栄光を与えられることです。わたしたちはひざまずいて言うべきです、「神よ、わたしにも分を得させてくださったことを感謝します。神に仕えることにおいてわたしにも分があることを感謝します。ああ、この世にはどれほどの人がいることでしょうか? それなのに、こんなわたしに分を得させてくださったとは!」。献身とは、わたしたちの誉れであり、わたしたちの犠牲ではありません。わたしたちは最大の犠牲を被る必要はありますが、献身には犠牲という感覚はありません。神の栄光の全き感覚があるのみです。

四　献身の道

レビ記第八章十四節から二八節は、一頭の雄牛、二頭の雄羊、一かごの菓子について語っています。雄牛は罪のためのささげ物のためであり、一頭目の雄羊は全焼のささげ物のため、二頭目の雄羊とかごの中の菓子は任職のささげ物のためです。

A　罪のためのささげ物

人がもし神の御前で任職のため、神に献身したいと願う時、第一の問題は罪のためのなだめであり、これは当然のことです。人が救われていてこそ、人が主のものとなっていてこそ、はじめて自分自身をささげることができます。罪のためのささげ物は、献身の土台です。

B　全焼のささげもの

続いて、二頭の雄羊が出てきます。レビ記第八章十八節から二八節を詳細に読んでみましょう。二頭の雄羊のうち、一頭は全焼のささげ物として焼かれ、他の一頭は、アロンが今後神に仕えることができるようにするための任職の雄羊でした。

全焼のささげ物とはどういうものでしょうか？　全焼のささげ物は、完全に焼き尽くされるささげ物です。祭司は全焼のささげ物の肉を食べることができず、その肉はことごとく焼かれました。罪のためのささげ物は単にわたしたちの罪を解決するだけですが、全焼のささげ物はわたしたちを神の御前に受け入れられるようにします。主イエスは十字架上で、わたしたちに代わって罪を担ってくださいました。これは、主イエスの罪のためのささげ物としての贖いのみわざです。主イエスは十字架上で幕を上から下まで裂き、わたしたちを至聖所へともたらしてくださいました。これが全焼のささげ物のみわざです。罪のためのささげ物と全焼のささげ物の出発点は同じですが、到着点は違います。両方とも罪人から始まっていますが、罪のためのささげ物は罪を贖ったらそれでおしまいです。しかし、全焼のささげ物は、罪人を神の御前に受け入れられるようにもたらします。全焼のささげ物は、罪人が愛する御子の中で受け入れられるためのささげ物であり、それは罪のためのささげ物より一層前進しています。全焼のささげ物は、主イエスの神の御前での香ばしい香りであり、彼の香りを神が受け入れられたことを言っています。今日わたしは、神がわたしをも受け入れてくださるよう、彼を神にささげます。わたしは罪のためのささげ物によって赦されただけでなく、主イエスのゆえに受け入れられています。

C　献身のささげ物

一頭目の雄羊が殺された後、なお二頭目の雄羊が殺されなければなりませんでした。

1　血を注ぐ

この二頭目の羊は、殺されてどうされたのでしょうか？　第一に、その血はアロンと彼の子たちの右の耳たぶと、右手の親指と、右足の親指とに付けられました。

その意味は、神がキリストの中でわたしを受け入れられたのですから、今やわたしは、血がすでにわたしの耳、手、足を聖別し、神に完全に帰させたことを認めます。わたしの耳、手、足は全部神のものであるという立場に、わたしは立つべきです。贖われたゆえに、わたしの耳は神のために聞くべきです。手は神のために事を行なうべきです。足は神のために歩くべきです。わたしは右の耳たぶに血を付けられ、右手の親指に血を付けられ、右足の親指に血を付けられました。これは、わたしの耳、手、足が全部主によって買い取られたことを意味します。わたしたちは主に向かって言うべきです、「わたしは贖われたのですから、主よ、今から後、わたしのこの二つの耳はわたし自身のものではありません。わたしは贖われたのですから、主よ、今から後、わたしのこの両方の手はわたし自身のものではありません。わたしは贖われたのですから、主よ、今から後、わたしのこの両方の足はわたし自身のものではありません。わたしはキリストの中で贖われたゆえに、主よ、わたしのすべてはあなたのものであり、わたし自身のものではありません」。

血は権利のしるしであり、血は愛の象徴でもあります。コリント人への第一の手紙第六章で言っている「代価」は、ここの血です。コリント人への第二の手紙第五章で言っている「愛」もまた、ここの血です。血があり、愛があり、権利があるので、わたしのすべてはわたし自身のものではありません。主は血を流されました。わたしは、わたしに対するこの血の権利を承認します。主はわたしを愛しておられます。わたしは、わたしの存在すべてが主のものであることを承認します。

2　揺り動かすささげ物

血を塗った後に、揺り動かすささげ物があります。二頭目の雄羊が殺された時、血が耳たぶ、右手の親指、右足の親指に付けられましたが、その時はまだ献身したとは見なされません。それは献身の根拠であるにすぎません。血を付けることは、わたしをささげることができるようにしてくださった、その愛とその権利を認めることにすぎません。ささげるのはその後のことです。

この二頭目の雄羊が殺され、血が塗られた後、雄羊の右肩(右もも)と脂肪が取られ、かごから種入れぬ菓子一つと、油を入れた菓子一つと、せんべい一つが取られました。これらの物は主イエスの二つの面を予表しています。肩は力のある場所です。羊の肩は、主イエスの神聖な面を見せています。油は肥えているものであり、それは神の栄光の面を指しています。菓子は細やかであり、彼の最高の人性を見せています。彼は種入れぬ、しみのない完全な人です。彼は油に満ちた、聖霊に満ちた人です。彼の性質、彼の心の中の感覚、彼の霊的な知覚はみなとても細やかで、とても柔らかであり、薄いせんべいのように、ちょっとさわると割れてしまうほどに繊細であり、感覚と思いやりに満ちています。これらの物はアロンの手に渡され、アロンは神の御前に挙げて揺り動かしました。その後、それは全焼のささげ物と共に焼かれたのです。これが献身です。

もう少し解釈を付け加えましょう。ヘブル語で「任職」という言葉の意味は、「手を満たす」ことです。ダービー訳とヤングのコンコルダンスはみなこのような注解をしています。もともと手は空っぽでしたが、今それはいっぱいになっています。アロンの手がとても多くの物で満たされた時、彼は主で満たされました。その時、献身があるようになりました。アロンの手が空っぽの時、献身はまだありませんでした。アロンの手が満たされて、主以外にはもはや何も持てないほど満たされた時、献身がありました。

献身とは何でしょうか？　神はアロンの家の人たちを祭司として神に仕えるよう

召されました。しかし、アロンは軽々しく来ることはできませんでした。彼の罪がまず解決されなければなりません。彼はキリストにあって受け入れられなければなりません。しかも彼の手は(手は何かをすることを表す)キリストで満ちていなければなりません。何も他のものがなく、ただキリストだけがありました。この時こそ献身があったのです。ですから、献身とは何でしょうか？　最も簡単に言えば、パウロが言っているとおりです、「兄弟たちよ、こういうわけで、わたしは神の慈しみを通して、あなたがたに勧めます。あなたがたの体を、神に喜ばれる、聖なる、生きた犠牲としてささげなさい。それが、あなたがたの理にかなった奉仕です」(ローマ十二・一)。

わたしたちは必ず主の御前に来て見なければなりません。わたしには、全生涯にわたって一つの道、つまり神に仕える道しかありません。わたしには別の道はありません。神に仕えることがわたしの道です。神に仕えるために、わたしはこの体のすべてをささげます。今から後、わたしの耳は主のために聞き、わたしの手は主のために働き、わたしの足は主のために歩きます。わたしの二つの耳は主の言葉だけを聞き、わたしの両手は主の事だけを行ない、わたしの両足は主の道だけを歩きます。わたしがここにいるのは神に仕えるだけのためです。ささげ物のように、いけにえのように、わたしのすべてを主のためにささげます。さらに進んで、わたしの両手はキリストで満ちています。わたしはキリストを挙げます。わたしの両手はキリストを現し出しています。このように行なうことが、献身することです。わたしたちがこのようにする時はじめて、神は「これが献身です」と言われます。このようにキリストで満たされることが、神の言われる献身です。

献身とは、主の愛に触れ、主の権利を見るという二つの事によって、神の御前に来て仕えたいと願うことです。神がわたしを召されただけでなく、わたし自身も仕えたいと願うことです。わたしは言います、「神よ、わたしは今あなたのものです。わたしはあなたに買い取られた者です。以前、わたしはテーブルの下にいて、パンくずが落ちてくるのを待っていました。しかし、今からは、神よ、あなたに仕えたいです。今日わたしはあなたに仕えることを選びます。わたしは主によって受け入れられたのですから、あなたに仕えるという大いなる事においても、わたしに主のゆえに分を与えてください！　わたしをあわれんで、あなたに仕える事柄の上で、少しばかりの分が与えられますように。多くの人が救われた時、あなたはわたしを見過ごさず、わたしをこぼれ落ちる者にせず、わたしをも救ってくださいました。今あなたに仕える多くの人がいますが、わたしにも分をください。わたしを拒絶しないでください！」。

このようにして、あなたは自分自身を主にささげるのです。すべてはキリストのため、ただキリストのためです。あなたがこのように振る舞い、このように御前に自分を置くことがささげることです。これがローマ人への手紙第十二章で言っている体全部をささげることです。ローマ人への手紙第六章は、肢体をささげることを語っています。それは、前に述べた耳、手、足に血が付けられることです。ローマ人への手紙第十二章は体全部をささげることであり、これはちょうどここで言っている両手がキリストで満ちているということです。このように旧約と新約は完全に一致します。

五　献身の目的

献身の目的は、神のために伝道することではありません。献身の目的は、神のために働くことではありません。献身の目的は、神に仕えることです。献身の結果は、仕えることです。「仕える」という言葉の原文の意味は、わたしたちが普段遣っている「そばで奉仕する」ことであり、仕える用意ができていることです。献身の目的は神のそばで奉仕することであることを覚えてください。そばで奉仕することは、必ずしも労して働くことではありません。そばで奉仕するとは、主があなたにじっとしていてほしい時、じっとしていることであり、主があなたに傍らに立ってほしいと願われる時、その傍らに立つことであり、主があなたに走ってほしい時、走ることです。これがそばで奉仕することです。

神は、すべてのクリスチャンが自分の体をささげて神のそばで奉仕するようにと願っておられます。必ずしも講壇に上らされるとは限りませんし、必ずしも辺地に伝道に行かされるとは限りません。神のそばで奉仕することです。ある人は、神が講壇に遣わされるので講壇に上らなければならないでしょう。ある人は、神が辺地に遣わされるのでそこに行かなければならないでしょう。すべての時間はみな神のためではありますが、どんな働きをするかは定まっていません。すべての人はそばで奉仕するのですが、何をするのかは定まっていません。わたしたちは神のそばで奉仕することを学ぶべきです。あなたが体をささげるのは、神に仕えるためです。

わたしたちがクリスチャンにならないのでしたらそれでおしまいですが、クリスチャンになるのでしたら、生涯にわたって神に仕えなければなりません。一人の人が自分を主にささげたなら、今後、主の要求が第一であり、神に仕えることが一生の道であることを見る必要があります。どうか神がわたしたちに恵みを賜り、わたしたちが神に仕えることはわたしたちの本分であることを見せてくださいますように。すべて主を信じている人は、今後、神に仕えなければならないことを見なければなりません。わたしはクリスチャンになったのだから、何事も気ままにすることはできないと言うことのできる段階にまで導かれますように。仕事を忠実にやらなくてもいいとか、まじめに働かなくてもいいとか、定職にも就かなくてよいとか言っているのではありません。そうではなく、わたしたちはやはり忠実に仕事をし、まじめに働かなければなりません。しかし、神の御前で見なければならないことがあります。一生涯、神に仕える道に沿って歩み、すべての事を神のみこころを行なうために、神に喜ばれるために行なうことです。これが献身の実際です。

ですから、献身とは人がどれだけの物を神に与えるかではなく、わたしたちが神に受け入れられて、神がわたしたちを神に仕える者にしてくださることです。献身とは、もっぱらクリスチャンのためだけのものです。どんな人でも献身することができるというものではありません。恵みを受けた人だけ、主に属する人だけが献身することができます。献身とは、わたしたちが「主よ、あなたの御前に来て、あなたに仕える機会、権利を与えてください」と言うことです。それは、「主よ、わたしはあなたのものです。わたしの耳は血によって買われ、主のものです。わたしの手は血によって買われ、主のものです。わたしの足は血によって買われ、主のものです。今から後、わたしたちは、わたしは自分勝手にこれらを使うことはできません」と言うことです。

わたしたちは、他の人に献身するようにと請うことはしません。そうではなく、献身することのできる道、神に仕えることのできる道があることを、人に教えたいのです。万軍の主に仕えることのできる道がここにあります。わたしたちは「万軍の主」に仕えるのであることを、はっきり知らなければなりません。献身することが神を優遇することのように思うのは間違いです。

神が旧約において啓示された事はとてもはっきりしています。神が許可してはじめて、人は自分自身を献身することができます。新約もわたしたちに、神のあわれみを通して自分自身を献身するようにと勧めています。神はわたしたちをとても愛してくださっているのですから、わたしたちは自分自身をささげなければなりません。これは理にかなったことです。これはあなたに求めることではなく、最も理にかなったことであり、そうあるべきことです。献身は決してわたしたちがしたいかどうかの問題ではありません。わたしたちが自分自身を献身することができるのは、神の大きな恵みでさえあるのです。神のしもべとなる権利を得ることができるのは、わたしたちの生涯で最も大きな栄光です。人が救われるのは楽しいことです。もし人が神に仕えることで分を得るなら、さらに何と大きなことでしょう。わたしたちの神はどなたでしょうか？　わたしたちは神の大いなることを見るべきです。神の栄光を見るべきです。そうすれば、この仕えることが何と大いなることか、何と栄光なることかがわかるでしょう。神の恵みにあずかり、神に仕えることができるとは、何と大いなることでしょう！

献身

2012年1月10日　初版印刷発行　定価250円（本体238円）

著　者　ウ　オ　ッ　チ　マ　ン・ニ　ー

発行所　ＪＧＷ日　本　福　音　書　房
〒151-0053 東京都渋谷区代々木1-40-4
TEL 03-3373-7202　FAX 03-3373-7203
（本のご注文）TEL 03-3370-3916　FAX 03-3320-0927
振替口座００１２０－３－２２８８３

ISBN978-4-89061-620-6 C0016 ¥238E